AF204522

Christine Rettl

Neue Nachbarn in Wien

Zusammenleben, Freunde und
Nachbarn

Deutsch als Fremd- und Zweitsprache
A1.1

Alles Digitale zu diesem Buch kann auf der Lernplattform
allango von Ernst Klett Sprachen abgerufen werden. So geht's:

| QR-Code scannen oder **www.allango.net** aufrufen | Buchtitel oder ISBN in der Suche eingeben und auf das Buchcover klicken | Zum Inhalt navigieren, direkt abrufen oder speichern |

Dieses Symbol bedeutet, dass zu einem Buch-Abschnitt
ein digitaler Inhalt verfügbar ist.

Ernst Klett Sprachen
Stuttgart

Infos + Übungen zu Deutsch im Alltag
→ S. 40 – 43.

 Infos + Übungen zu Sprache und Grammatik
→ S. 44 – 48.

 Audio, Lösungen, weitere Infos und Übungen
→ allango.

1. Auflage   1 ⁹ ⁸ ⁷ ⁶ ⁵ | 2027 26 25 24 23

Redaktion: Carina Janas
Layoutkonzeption: Maja Merz
Zeichnungen: Friederike Ablang, Matthias Pflügner
Satz: Eva Lettenmayer, Gerlingen
Umschlaggestaltung: Maja Merz
Tonregie und Schnitt: Joschi Kauffmann, Workshop Medien-Service, Stuttgart
Sprecherin: Andrea Klien
Druck und Bindung: Plump Druck & Medien GmbH, Rheinbreitbach

Printed in Germany
ISBN 978-3-12-674917-6

Inhalt

Wichtige Wörter: Im Wohnhaus

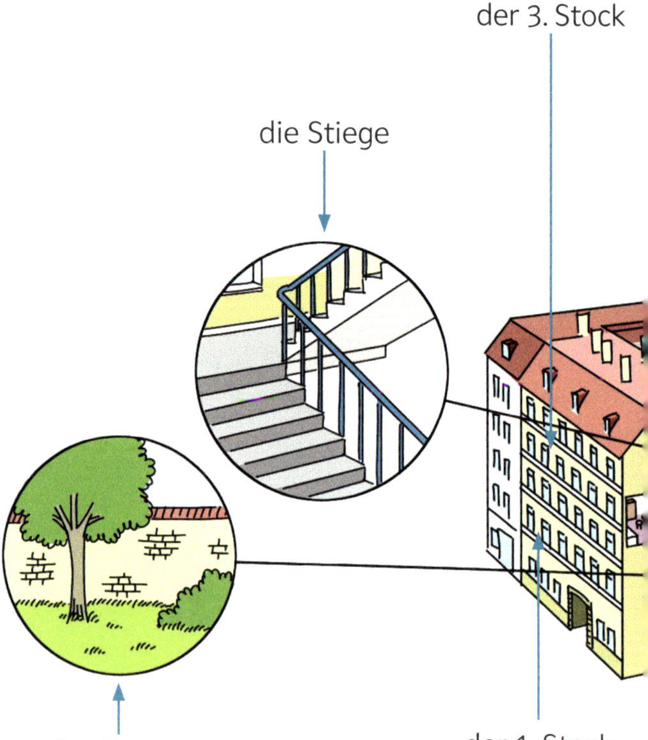

der 3. Stock
die Stiege
der Garten
der 1. Stock

die Wohnung

Vokabeltrainer + Audio online

das Hinterhaus

der Innenhof

der Aufzug

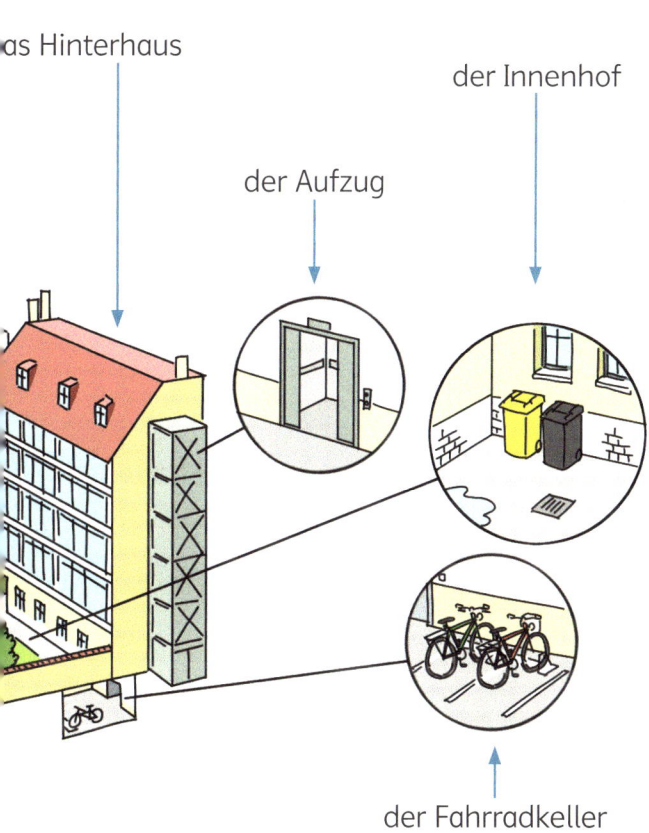

der Fahrradkeller

das Stiegenhaus

Maja Barani

20 Jahre alt

kommt aus dem Iran

studiert Gesang am

Konservatorium

(Musikhochschule)

Julia Berger

22 Jahre alt

kommt aus Wien

spielt gerne Klavier

studiert Musik

 Sven und Fabian

 Anna und Erich

 Lilli und Thomas

 Erna Keller

 das Klavier

 die Stimme

 die Schritte, der Schritt

 der Mist

 Angst haben

 schauen

 üben

 stehlen

 singen

 stören

 Vokabeltrainer + Audio online

Maja gefällt es in Wien.

Sie studiert Gesang am Konservatorium.

Das ist eine sehr gute Hochschule für Musik.

Hier lernt sie auch die Studentin Julia kennen.

Julia spielt sehr gut Klavier.

Julia ist jetzt Majas beste Freundin.

Maja wohnt mit Julia in einer WG.

▸ S. 40

Das Haus hat vier Stockwerke.

Maja und Julia wohnen im dritten Stock

im Hinterhaus.

Audio online. Scannen und hören.

Schau auf den WG-Plan!

Heute kochst du!

Ja, stimmt. Ich gehe gleich einkaufen.

Nimm mein Fahrrad!

Ich brauche es nicht.

Mein Fahrrad steht im Innenhof!

Danke! Sehr lieb von dir!

Maja geht hinunter.

Da sieht sie Julias Fahrrad.

Sie öffnet das Schloss und fährt los.

Info + Übung online: **WG-Plan**

Maja kommt vom Einkaufen zurück.

▸ S. 44

Sie stellt das Fahrrad an seinen Platz

im Innenhof.

Maja nimmt die Tasche, sie schließt das

Fahrrad ab und geht ins Haus.

Vor dem Aufzug stehen zwei junge

Männer.

Hallo, ich bin Sven.

Das ist mein Freund Fabian.

Wir wohnen Tür Nummer 20.

Wollen Sie mit uns mitfahren?

▶ S. 40

Hallo, ich heiße Maja.

Aber danke, ich gehe lieber zu Fuß.

Beim Essen fragt Maja:

Kennst du die Männer von Tür

Nummer 20?

Ich glaube, sie studieren Jus.

Und sie sehen gut aus. Oder?

Maja wird rot, aber sie sagt nichts.

Nach dem Essen lernt Julia für eine
Prüfung. Sie übt viele Stunden am Klavier.
Maja muss ins Konservatorium.
Sie will noch einmal mit dem Fahrrad
fahren. Aber das Fahrrad ist weg!

▸ S. 44

Maja hat Angst.
Das Fahrrad wurde gestohlen!
Sie muss zur Polizei gehen.
Aber heute hat sie keine Zeit.
Soll sie es Julia sagen?
Vielleicht morgen.
Aber morgen will sie mit Julia einen Tisch
für ihr Zimmer kaufen.

 Wartet! Wir helfen euch!

Sven und Fabian stellen den Tisch in den Aufzug.

 Fahrt mit!

Julia und Maja fahren im Aufzug mit.

Sven und Fabian bringen den Tisch in Majas Zimmer. Maja sagt Danke.

Aber gern! Wenn ihr Hilfe braucht,

wir sind gegenüber. Tschau!

Julia weiß noch nichts von dem Fahrrad.

Maja muss es Julia sagen, aber sie hat

Angst.

Unsere Nachbarn sind echt nett!

Ja, Sven ist besonders nett.

Und er sieht sehr gut aus.

▸ S. 44

Er gefällt dir!

Ich glaube, du bist verliebt!

Maja hört Stimmen und Schritte.

Wer wohnt über uns?

Eine Familie mit Kindern.

Ich mag Kinder.

Maja bringt den Mist hinunter.

Im Haus trifft sie Frau Keller.

Grüß Gott! Ich heiße Maja.

Ich wohne jetzt nebenan.

Mein Singen stört Sie hoffentlich

nicht?

Wie bitte?

Nein, das Singen stört mich nicht.

ⓘ
▸ S. 42

Info online: **Begrüßung**

Brauchen Sie etwas?

Ich kaufe gerne mal für Sie ein.

Danke! Sehr lieb! Aber diese

Woche brauche ich nichts.

Als Maja wieder hinauf geht, kommen

Sven und Fabian über die Stiege.

▸ S. 45

Hallo, hab einen schönen Tag!

Hallo Sven, danke. Du auch!

Maja geht zurück in die WG.

Sie will mit Julia üben.

 der Lärm

 der Fernseher

 die Sachertorte

 der kleine Braune

 denken

 winken

 sich ärgern

Vokabeltrainer + Audio online

 Halt! Alles noch einmal!

Ich glaube, du denkst zu viel

an Sven!

Ich will ihn so gern alleine treffen.

▶ S. 44

 Sag es ihm!

Ich warte lieber, bis er etwas sagt.

Audio online. Scannen und hören.

▶ S. 42

Was ist das für ein Lärm?

Das ist der Fernseher

von Frau Keller.

Ach, so. Frau Keller ist sehr nett.
Sie sagt, mein Singen stört sie
nicht.

Dann darf uns ihr Fernseher

auch nicht stören.

Info online: **Hausordnung**

Am nächsten Tag.

Maja denkt an Julias Fahrrad.

Heute will sie zur Polizei gehen.

Auf dem Weg trifft sie Sven.

▸ S. 44

Hallo, wie geht's?

Danke gut, und dir?

Sie reden und lachen.

Info online: **Begrüßung**

▸ S. 45

Sven winkt Fabian.

Er geht mit Maja ins Café nebenan.

Maja freut sich sehr.

Sie bestellen Sachertorte und zwei

kleine Braune.

Kurz darauf kommt Fabian

und setzt sich neben Sven.

Maja will mit Sven allein sein.

Sie ärgert sich sehr.

 die Blumen

 das Grillfest

 die Nachbarn

 die Musik

 freundlich

Vokabeltrainer + Audio online

Maja hat Blumen gekauft.

Im Stiegenhaus sieht sie zwei Männer

und eine Frau. Maja grüßt freundlich.

Hallo! Sie sind die Freundin

von Frau Berger, gell?

Ich bin Maja. Ich wohne bei ihr.

Hallo, i bin der Erich.

I bin der Thomas.

Audio online. Scannen und hören.

 Ich bin Anna! Wir wohnen ganz
oben. Wir haben heute um 18 Uhr
ein Grillfest im Garten. Kommen
Sie doch auch, mit Frau Berger!

▸ S. 43

Maja erzählt Julia von dem Grillfest.

 Anna vom 4. Stock hat uns zum
Grillfest eingeladen.
Heute um 18 Uhr. Du gehst doch
mit? Oder musst du lernen?

▸ S. 44

Ich brauche eh eine Pause.

Mit wem ist Anna zusammen?

Mit Thomas oder mit Erich?

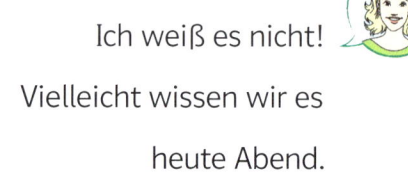

Ich weiß es nicht!

Vielleicht wissen wir es

heute Abend.

Vielleicht kommt Sven auch.

Maja freut sich sehr auf den Abend.

Aber dann muss sie wieder an das

Fahrrad denken.

Heute Abend will sie es Julia sagen.

▶ S. 45

Vielleicht haben die Nachbarn etwas

gesehen.

Maja und Julia üben wieder.

Maja singt, Julia spielt Klavier.

 Schon wieder so ein Lärm!

▶ S. 42

 Ich glaube, Frau Keller macht

den Fernseher extra laut.

Vielleicht mag sie unsere

Musik doch nicht.

Die Fenster zum Garten sind offen.

Draußen ist es warm und schön.

Komm, wir gehen runter.

Es ist 18 Uhr!

▶ S. 45

 der Griller

 das Würstel

 die Idee

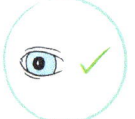 bemerken

 vergessen

 nachfüllen

 laut

Vokabeltrainer + Audio online

Julia und Maja gehen in den Garten.

Anna kommt ihnen entgegen.

Neben ihr geht eine Frau mit blonden Haaren.

 Willkommen beim Grillfest!

Das ist Lilli, und da laufen

unsere Kinder.

Maja wundert sich: Warum unsere Kinder?

Erich und Thomas stehen beim Griller.

 Wohnen Sie alle in einer

Wohnung?

Aber nein.

▶ S. 40

Wir erklären Ihnen das.

Audio online. Scannen und hören.

Wir sind eine Patchworkfamilie.

Erich und Lilli waren verheiratet.

Sie sind die Eltern von Kira und Felix.

Dann habe ich Erich geheiratet,

und Lilli den Thomas.

Erich und ich haben Lisa bekommen,

Thomas und Lilli den Julian.

▸ S. 45

Wir verstehen uns alle sehr gut

und treffen uns oft.

Lilli und Thomas wohnen nicht

weit weg von hier. Das ist gut.

Wir helfen uns immer wieder

gerne.

▸ S. 40

Bitte nehmen Sie Platz!

Die Würstel sind gleich fertig!

Wollen wir nicht auf Sven warten?

Sven und Fabian kommen später.

Maja ist in Sven verliebt.

Oje! Haben Sie es denn

nicht bemerkt?

Was denn?

Sven und Fabian sind ein Paar!

 Jetzt verstehe ich es!

Sei nicht traurig!

Da sind sie schon!

 Hallo, ihr beiden!

Sven und Fabian setzen sich zu Maja und Julia.

 Julia, ich muss dir etwas sagen.

Dein Fahrrad ist weg!

▸ S. 44

Das glaube ich nicht!

Sie steht auf und läuft ins Haus.

Dann kommt sie zurück und lacht.

 Alles okay! Ich habe es in den

Fahrradkeller gestellt und da

steht es noch.

Oh! Und ich habe geglaubt …

Es stand nicht mehr im Hof …

 Entschuldige! Ich habe ganz

vergessen, es dir zu sagen.

Wir haben Sie beim Üben gehört.

Maja, bitte singen Sie später für uns!

Sie haben so eine schöne Stimme!

Gerne! Wenn Sie es wollen!

Alle sitzen um den Tisch und essen.

Kommt Frau Keller nicht?

Wir haben Frau Keller eingeladen.

 ▸ S. 44

Sie kommt bestimmt bald.

Leider hört sie sehr schlecht.

 Darum ist ihr Fernseher so laut!

Und mein Singen stört sie nicht!

Alle lachen.

 Da kommt sie mit ihrem Hund!

Guten Abend!

Sie setzt sich zu den anderen Nachbarn.

Sagen wir doch alle du!

Wie bitte? Du sagen?

Aber gern! Ich bin die Erna!

Ich höre nur ein bisserl schlecht.

▸ S. 45

Stört euch mein Fernseher?

Mhm, weil du es sagst, Erna.

Ein bisschen zu laut ist er schon.

Wir können nicht gut üben.

Der Fernseher ist lauter als

unsere Musik.

Das tut mir aber leid!

Info + Übung: Du und **Sie**

Ich habe eine Idee.

Ich habe noch Kopfhörer.

Erna, willst du die Kopfhörer haben?

Dann kannst du so laut hören wie

du magst.

Ja, das ist eine gute Idee.

Mein Sohn sagt auch,

mein Fernseher ist zu laut.

Thomas füllt die Gläser nach.

Stoßt's an!

So jung kumm ma nimmer z'samm.

Info: **Wörterbuch** Deutsch – Österreichisch

⭐ **Was studiert Maja?**

☐ Gesang ☐ Jus

☐ Germanistik ☐ Sport

⭐ **Warum ist der Fernseher von Frau Keller immer so laut?**

☐ Frau Keller hört nicht gut.

☐ Majas Gesang stört sie.

☐ Frau Keller weiß nicht, wie man den Fernseher leise macht.

⭐ **Anna lädt Maja und Julia zum Grillfest ein. Wann fängt es an?**

☐ 20 Uhr ☐ 16 Uhr ☐ 18 Uhr ☐ 19 Uhr

Lösungen online

⭐ **Was bestellen Maja und Sven im Café?**

☐ Sachertorte und zwei kleine Braune

☐ Tee und Cappuccino

☐ 2 Stück Kuchen mit Sahne

☐ 2 Würstel

⭐ **Was passt?**

Achtung! Ein Wort passt nicht.

WG   Gesang

Klavier   Hund   Paar   Freund

Maja wohnt mit Julia in einer _____.

Julia spielt _____.

Sven und Fabian sind ein _____.

Frau Keller hat einen _____.

Wer wohnt mit wem zusammen?

 Frau Keller lebt *alleine* in ihrer Wohnung.

 **Maja** und **Julia** leben zusammen in einer *WG* (= Wohngemeinschaft). Sie sind beide Studentinnen und teilen sich die Miete.

 **Anna** und **Erich** wohnen zusammen *mit ihren Kindern* in einer Wohnung.

 Erichs Expartnerin **Lilli** wohnt mit ihrem neuen Mann **Thomas** und den Kindern in einer anderen Wohnung. Sie sind eine *Patchworkfamilie*.

 **Sven** und **Fabian** wohnen zusammen in einer Wohnung. Sie sind ein homosexuelles **Paar**.

⭐ **Wer und was gehört zusammen? Verbinde.**

 die WG

 die Patchworkfamilie

 alleine

 das Paar

Lösungen online

41

Die Hausordnung

Die **Hausordnung** regelt das **Zusammenleben** in einem Haus.

Lärm: Zwischen 22 Uhr und 6 Uhr muss ich leise sein. Es ist Nachtruhe. Von 13 Uhr bis 15 Uhr ist Mittagsruhe. Auch dann bin ich leise.

Reinigung: Ich halte das Haus und meine Wohnung sauber.

Lüften: Ich öffne regelmäßig kurz die Fenster.

Haustiere: Nur wenn mein Vermieter ja sagt, darf ich ein Haustier in meiner Wohnung haben.

Kinder: Kinder dürfen auf dem Spielplatz oder im Garten spielen, aber nicht im Keller oder Stiegenhaus.

Übung online: **Hausordnung**

Gemeinsame Feste: Einladung und Organisation

Ein Grillfest ist schön. Ich treffe dort Freunde und wir essen zusammen. Jeder bringt etwas mit. Ich bringe zum Beispiel einen Salat oder Brot mit. Wir grillen Fleisch oder Gemüse. So antworte ich auf eine Einladung: ✓ *Ja, ich komme.* oder

✗ *Es tut mir leid, ich kann nicht kommen.*

⭐ **Wer kommt zum Grillfest (✓)?**

Wer nicht (✗)? Kreuze an.

 Ich komme gerne. ☐

 Heute kann ich leider nicht. Ich muss lernen. ☐

 Ja, ich komme. Ich freue mich! ☐

 Es tut mir leid, ich muss arbeiten. ☐

Lösungen online

Das Verb im Satz

Das Verb steht an Position 2 im Satz.

1	2	
Julia	spielt	sehr gut Klavier.
Wer	wohnt	über uns?

Bei trennbaren Verben (*kennen*lernen, *aus*sehen, *ein*kaufen) steht der erste Verbteil am Satzende.

1	2		Satzende
Maja	lernt	Julia an der Uni	kennen.
Sie	sehen	gut	aus.
Thomas	füllt	die Gläser	nach.

Gibt es ein Modalverb im Satz, steht das Modalverb an Position 2. Das andere Verb steht am Satzende.

1	2		Satzende
Maja	will	mit dem Fahrrad	fahren.
Sie	muss	zur Polizei	gehen.
	Soll	sie es Julia	sagen?

Das Perfekt

… ist eine Zeitform für die Vergangenheit.

Du bildest es so: Hilfsverb *haben* oder *sein* +

Partizip II des Verbs. Hilfsverb und Partizip II

bilden die Satzklammer. Das Hilfsverb steht an

Position 2, das Partizip II am Satzende.

Bei Fragen steht das Hilfsverb an Position 1.

1	2		Satzende
Anna	hat	uns zum Grillfest	eingeladen.
Maja	ist	zum Einkaufen	gefahren.
Haben	Sie	es denn nicht	bemerkt?

Richtungen beschreiben

oben

hinauf ↗

gegenüber  neben / nebenan

unten

hinunter ↘

⭐ **Was passt? Setze die Verben ein.**

Achte auf die Position. Die Lücken helfen.

will fragen   stellt   will gehen   haben gesehen

wurde gestohlen   studiert   fährt

Maja _____ Gesang am Konservatorium.

Sie _____ mit dem Fahrrad.

Danach _____ Maja das Fahrrad an seinen

Platz. Aber dann ist das Fahrrad weg.

Maja denkt: Das Fahrrad _____.

Heute _____ Maja zur Polizei _____.

Und sie _____ die Nachbarn _____.

Vielleicht _____ die Nachbarn etwas

_____.

⭐ **Das passiert in der Vergangenheit.**

Markiere das Verb und schreibe die Sätze im Perfekt.

Maja stellt das Fahrrad ab.

→ _____.

Maja geht in die Stadt.

→ _____.

Sie trifft Sven.

→ _____.

Maja und Sven trinken zwei kleine Braune.

→ _____

_____.

Wir laden Frau Keller zum Grillfest ein.

→ _____

_____.

Lösungen online

⭐ **Markiere diese Wörter in den Sätzen.**

über   neben   hinauf   hinunter   gegenüber

Verbinde dann: Was passt zusammen?

Sven und Fabian wohnen

über Maja und Julia.

Anna und Erich wohnen

gegenüber von Maja und Julia.

Frau Keller wohnt

Sie geht die Stiege hinunter.

Maja will einkaufen gehen.

neben Maja und Julia.

Maja kommt nach Hause.

Sie geht die Stiege hinauf.

Einfach loslesen! Alle Infos:

www.klett-sprachen.de/einfach-loslesen

Lösungen online